BEI GRIN MACHT SICH IHR WISSEN BEZAHLT

- Wir veröffentlichen Ihre Hausarbeit, Bachelor- und Masterarbeit

- Ihr eigenes eBook und Buch - weltweit in allen wichtigen Shops

- Verdienen Sie an jedem Verkauf

Jetzt bei www.GRIN.com hochladen und kostenlos publizieren

Auswerten von Big-Data-Datensätzen durch moderne Informationstechnologie und Untersuchung eines Datenanalyseproblems unter Verwendung moderner Frameworks

Dennis Kraus

Bibliografische Information der Deutschen Nationalbibliothek:

Die Deutsche Nationalbibliothek verzeichnet diese Publikation in der Deutschen Nationalbibliografie; detaillierte bibliografische Daten sind im Internet über http://dnb.d-nb.de abrufbar.

ISBN: 9783346791740
Dieses Buch ist auch als E-Book erhältlich.

Druck und Bindung: Books on Demand GmbH, Norderstedt Germany
Gedruckt auf säurefreiem Papier aus verantwortungsvollen Quellen

Das vorliegende Werk wurde sorgfältig erarbeitet. Dennoch übernehmen Autoren und Verlag für die Richtigkeit von Angaben, Hinweisen, Links und Ratschlägen sowie eventuelle Druckfehler keine Haftung.

Das Buch bei GRIN: https://www.grin.com/document/1314747

Hochschule für Technik, Wirtschaft und Kultur Leipzig

Fakultät für Digitale Transformation

Projektarbeit im Modul
Big Data Management

**Entwicklung und Durchführung einer Big Data Analyse zur
Untersuchung eines Datenanalyseproblems unter
Verwendung moderner Frameworks**

Datum: Leipzig, Mai 2021

Inhaltsverzeichnis

Abbildungsverzeichnis

Abkürzungsverzeichnis

API	Programmierschnittstelle
DIT	Digitale Transformation
FB	Fachbereich
HTML	Hypertext Markup Language
HTWK	Hochschule für Technik, Wirtschaft und Kultur Leipzig
JSON	JavaScript Object Notation

1   Vorstellung der Analysefragestellung

In der heutigen Welt ist eine vernetzte Infrastruktur schon lange nicht mehr wegzudenken. Doch eine Vernetzung bedeutet immer anfallende Datenmengen und diese Datenmengen müssen gespeichert und verarbeitet werden. Schnell kann aus einzelnen kontinuierlich wachsenden Datensätzen eine riesige Datenflut zusammenkommen.

Da an die Speicherung der Datenflut gewisse Ansprüche gestellt werden, spielt die Art der Auswahl des Speichers eine deutliche Rolle. Faktoren wie Verfügbarkeit der Daten, Performance des Speichers, Konsistenz und Kosten müssen berücksichtigt und für den Anwendungsfall individuell geprüft sein.

Ein weiter Punkt ist, dass diese riesen Datenflut durch herkömmliche Hard- und Software nicht mehr auswertbar ist, da die benötigte Rechenleistung zu groß ist. Ist das der Fall, spricht man im kommerziellen Gebrauch von „Big Data".

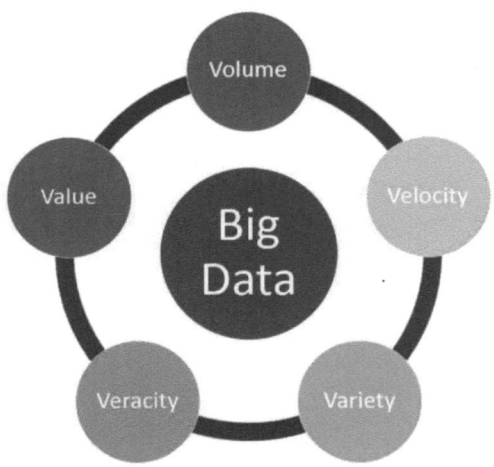

Abbildung 1 - Die 5 V's von Big Data [1]

Der Begriff „Big Data" wird jedoch auch durch die 5 V's wie in *Abbildung 1* ersichtlich beschrieben.

- Volume: Die Datenmenge hat eine Größe erreicht, dass sie nicht mehr durch herkömmliche Standardsoftware auswertbar ist.
- Velocity: Steht für die Dauer wie lange es braucht die Daten für weitere Verarbeitung bereitzustellen d. h. die Daten müssen in Sekunden zur Verfügung stehen, dadurch müssen die angewendeten Algorithmen müssen besonders effizient sein.

- Variety: Da die Daten aus unterschiedlichen Quellen stammen, sind sie meist unstrukturiert und nicht einheitlich aufgebaut.

- Veracity: Gerade die Richtigkeit ist in der Zeit von Fake- News nicht zu unterschätzen. Je nach Anwendungsfall spielt eine qualitative Datengrundlage eine entscheidende Rolle für eine aussagekräftige Analyse bzw. Beantwortung der Problemstellung.

- Value: Die gesammelten Daten müssen das Potential erfüllen, um weiterverarbeitet werden zu können.

Sind diese 5 Punkte erfüllt, so kann definitiv davon ausgegangen werden, dass es sich um Big Data handelt [2, S. 15-20]

Jedoch geht es in dieser Projektarbeit um einen spezifischen Anwendungsfall von Big Data.

Am 06.02.2018 wurde von dem Raumfahrtunternehmen „Space X" eine revolutionäre Rakete mit dem Namen „Falcon Heavy" für Testzwecke ins All geschickt. Jedoch wurde an diese Rakete ein Tesla Roadster gekoppelt und auf einer gewissen Höhe von der Rakete getrennt. Dieser Roadster befindet sich derzeit im All und kreist auf einer Umlaufbahn. Die ersten beiden Jahre sind einzelne Informationen über den Aufenthalt, die Geschwindigkeit, die Ausrichtung und weitere Daten über Sensoren erfasst worden. Diese Sensoren sind aufgrund des Ausfalls der Batterie nicht mehr einsatzfähig.

Vor Ausfall der Sensorik wurden diese Sensordaten auf den Webseiten „whereisroadstar.com" [6] und „where-is-tesla-roadster.space/live?lang=de" [8] angezeigt. Um die Webseiten weiterhin mit möglichst genauen Informationen über den Tesla zu versorgen, wird anhand der gesammelten Daten eine Hochrechnung auf die zukünftige Entwicklung kalkuliert.

Beide dieser Webseiten haben übereinstimmende Schlüssel in ihren Datensätzen z. B. die Geschwindigkeit, die Entfernung zur Erde und die Entfernung zum Mars. Bei genauer Betrachtung weisen die übereinstimmenden Werte der Schlüssel minimale Unterschiede auf. Aufgrund dieser Umstände werden die Datensätze über einen Zeitraum von einer Woche untersucht und miteinander abgeglichen. Bei diesem Abgleich muss die Übereinstimmung geprüft werden, diese Übereinstimmung kann im Idealfall anhand von grafischen Darstellungen visualisiert sein. Durch die Visualisierung können Aussagen über das eigentliche Analyseproblem, also die Übereinstimmung bzw. Richtigkeit der Daten abgeleitet werden.

Ein weiterer Punkt dieser Datenanalyse wird sein, mit den gesammelten Daten eine hochgerechnete Prognose über die Entwicklung der zurückgelegten Distanz im Jahr 2025 zu geben. Da die Geschwindigkeiten und die derzeit zurückgelegten Kilometer bekannt sind, kann die Prognose der erreichten Distanz auf Basis dieser Inputwerte zum Zeitpunkt des 01.01.2025 berechnet werden.

Aus den beschriebenen Analyseansätzen ergeben sich zwei Fragestellungen bzw. Problemstellungen, die nach Durchführung im besten Falle beantwortet werden können.

1. **Ist die Richtigkeit / Qualität der Datensätze auf beiden Webseiten gegeben oder sollte bei der Auswahl der Webseiten der Fokus explizit nur auf einer dieser Webseiten liegen?**
2. **Welche Distanz wird der Tesla zum 01.01.2025 zurückgelegt haben?**

Um an die Informationen zur Beantwortung dieser Fragestellungen zu gelangen, müssen über einen gewissen Zeitraum die benötigten Daten erfasst und gespeichert werden. Die Erfassung kann über viele Wege erfolgen, sofern eine Programmierschnittstelle vorhanden ist (API) sollte diese genutzt werden, eine andere Möglichkeit wäre das Crawlen von Webseiten, also das Auslesen von HTML Elementen einer Webseite.

Um sich einen genauen Überblick über die Anzahl der Datensätze zu verschaffen, wird eine Hochrechnung beschrieben.

„Da sich diese Daten sekündlich ändern, fällt eine enorme Menge an Daten an. Unter Annahme der zu betrachtende Zeitraum sei 1 Jahr und die Abfrage würde sekündlich erfolgen, so müssten rechnerisch pro Webseite 86400 Datensätze am Tag und 31.536.000 Datensätzen im Jahr anfallen."

Wie aus dem Beispiel ersichtlich, sind diese Mengen ohne spezielle Frameworks auch nicht mehr mit herkömmlicher Standardsoftware analysierbar und es wird auf höchst effiziente Frameworks mit optimierten Algorithmen zurückgegriffen.

In dieser Projektarbeit, in der es speziell um die Beantwortung der Analysefragen geht, werden für jede Webseite 500.000 Datensätze als Basis herangezogen, sprich 1.000.000 Datensätze insgesamt. Selbst für diese Anzahl an Datensätzen sind spezielle Big Data Frameworks notwendig, um diese Daten ohne lange Wartezeiten auszuwerten zu können.

2   Aufbau und Vorgehensweise

In diesem Kapitel wird der Aufbau der Architektur und die Auswahl der gewählten
Frameworks beschrieben, um einen vollständigen Überblick über das Vorgehen zum
Lösen der Datenanalysefragestellungen zu bekommen.

Im nächsten Kapitel wird dann auf die hier in die hier beschriebene Architektur und die
theoretische Vorgehensweise angeknüpft.

2.1   Auswahl der genutzten Frameworks

Vor der Umsetzung des Analysevorhabens müssen einige Rahmenbedingungen diskutiert
und abgestimmt werden.

Zuerst werden die Rahmenbedingungen bestimmt. Die Rahmenbedingungen betreffen
die Wahl der Programmiersprache, die Wahl der Datenbank und die zielgerichtete
Auswahl von Frameworks, abgestimmt auf den Anwendungsfall, um ein bestmögliches
Ergebnis im Umgang mit der Datenflut zu erzielen.

Die Auswahl der Programmiersprache:

Das Kriterium in der Auswahl der Programmiersprache ist, die Sprache muss Big Data
fähig sein, d. h. es müssen gängige Big Data Frameworks unterstützt werden. Hinzu
kommt die Anforderung, die Daten visualisieren zu können.

Somit ist die Auswahl der Programmiersprache auf Java und Python gefallen. Im nächsten
Schritt sind die präferierten Frameworks verglichen worden. Dabei stellt sich heraus, dass
das Datenhandling im Anwendungsfall der Visualisierung mit Python deutlich
performanter arbeitet und sich Python aus diesem Grund speziellen für den
Anwendungsfall der Projektarbeit besser eignet [2. S. 115-122].

In anderen Konstellationen macht es durchaus Sinn die Sprache Java im Umfeld von Big
Data Anwendungen zu nutzen, dennoch gilt es den Einzelfall zu prüfen.

Die Auswahl der Datenbank:

Ähnliche Spezifikationen sind bei der Auswahl der Datenbank im Vorfeld getroffen
worden. Spezifikationen, die an die Datenbank gestellt werden sind, die flexible
Erweiterbarkeit, die einfache Strukturierbarkeit, die Möglichkeit der Skalierbarkeit bei
wachsenden Projekten und die performante Ausführung von Querys.

Anhand dieser im Vorfeld festgelegten Vorgaben ist die MongoDB als Datenbank
gewählt worden. Die MongoDB ist eine dokumentenbasierte NoSQL Datenbank. Jeder
abgelegte Datensatz repräsentiert ein Dokument, welches in einem JSON- Format
modelliert wird. Diese Modellierungsart ermöglicht es auch verschachtelte Dokumente
zu erzeugen.

Die MongoDB erfüllt durch die Einfachheit, die triviale Änderbarkeit der Dokumente die geforderten Spezifikationen. Da die MongoDB Cloud- Server und Hardware- Cluster nutzt, sind auch die Anforderungen für eine freie Skalierbarkeit und die Anforderungen an eine performante Arbeitsweise erfüllt [9].

Der Aufbau der MongoDB ist hierarchisch, dass Top Element, welches angelegt wird, ist das Datenbankprojekt, darunter reihen sich dann die Datenbanken zu dem jeweiligen Datenbankprojekt ein und diese sind wiederum in Collections aufgeteilt. Eine Collection ist eine Dokumentensammlung und speichert alle Einträge (Dokumente).

Die Auswahl der genutzten Frameworks:

Die Auswahl der Frameworks in die einzelnen Sektionen wie auch in dem Architekturbild in Abschnitt 2.2 ersichtlich unterteilt.

1. **Datenerhebung und -speicherung in der MongoDB**

   • **Selenium:**
   Da die Daten auf einer Webseite dargestellt werden, müssen diese Daten von dieser Webseite extrahiert werden. Das Extrahieren erfolgt mit einem Framework. Selenium als Framework wird für die Webautomatisierung und für das Webseitentesting genutzt [5]. Die Stärke des Frameworks liegt in dem Extrahieren und Auslesen von dynamischen Webelementen, daher arbeitet Selenium in diesem Anwendungsfall deutlich performanter als seine Konkurrenten Scrapy und Beautiful Soup [7].

   • **PyMongo:**
   Die Datenspeicherung wird in der MongoDB vorgenommen, jedoch muss dafür erst eine Datenbankverbindung aufgebaut sein und die jeweilige Benutzerauthentifikation muss übermittelt werden. Für die Entwicklung mit Python bietet die MongoDB das PyMongo Framework an, welches einen Verbindungsmanager inkludiert [9]. So können problemlos Datenbankverbindungen hergestellt und geschlossen werden werden.

2. **Der Datenanalyseworkflow**

   • **PySpark:**
   Die Auswahl des Datenanalysesystems ist zwischen Apache Spark und Apache Hadoop MapReduce getroffen worden. Jedoch bietet Apache Spark eine weitaus schnellere Datenverarbeitung an, was einer verbesserten In- Memory Technologie zu verdanken ist. Apache Spark bietet darüber hinaus umfangreiche weitere Anwendungsmöglichkeiten

wie Maschine Learning, Graphen und Streaming an. In diesem Fall wird sich auf die SQL- Option beschränkt, um performante nahezu Echtzeitabfragen durchzuführen [10].

3. **Die Datenauswertung und -visualisierung**

- **Pandas und Matplotlib:**
  Bei diesen beiden Programmierbibliotheken handelt es sich um zwei unabhängige Frameworks, dennoch werden sie in Data Science Kreisen häufig als mächtige Werkzeuge, die sich gegenseitig ergänzen, verwendet. Pandas wird dazu verwendet, um Datenfluten zu verwalten und umzustrukturieren, in diesem Fall wird das Dataframe von PySpark in ein Pandas Dataframe gemappt und weiterverarbeitet [4]. Um diese einheitlich verwalteten Datenfluten anschaulich aufzubereiten, wird Matplotlib genutzt. Matplotlib visualisiert große Datenmengen und kann dadurch Auffälligkeiten grafisch darstellen [3].

Systemübergreifend wird darauf geachtet, dass alle Frameworks höchst performant zusammenarbeiten, um keine Performanceverluste in der Analyse zu erleiden. Des Weiteren ist es wichtig die Daten visuell aufzubereiten, um die Problemstellung gezielt im Kontext interpretieren zu können.

2.2   Architekturbild

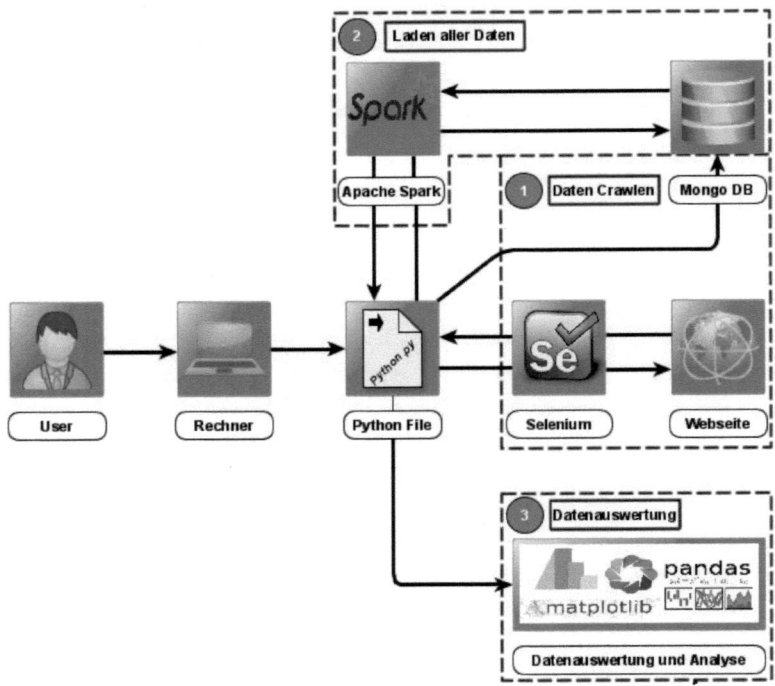

Abbildung 2 - Systemarchitektur der Big Data Anwendung

Die Big Data Anwendung ist in drei Teilbereiche aufgegliedert, wie in *Abbildung 2* ersichtlich, besteht die Gliederung aus den Sektionen 1- 3. Grundüberlegung ist, dass der Anwender, also der User auf seinem Rechner das Python File und somit auch die Big Data Anwendung startet.

Bereich 1 ist die Initialisierung des Daten Crawlers. Die Authentifikations- und Webseitdaten wie z.B. URL, Navigationsanweisung werden an den Verbindungsmanager und Selenium übergeben. Die Sektion des Crawlers liest mittels Selenium die einzelnen dynamischen HTML Elemente aus und schreibt die zurückerhaltenen Informationen in ein Dokument der Datenbank.

In der 2 Instanz werden alle Dokumentensammlungen der ausgewählten Collections durch PySpark (Apache Spark) aus der Datenbank angefragt. Die Datenbank liefert bei übereinstimmenden Authentifikationsdaten die einzelnen Dokumente als Antwort an die anfragende Instanz zurück. Nach Erhalt der Resultate wird von PySpark ein Dataframe als Abfrageergebnis zurückgegeben. Dieses Dataframe wird im Python File als Variable gespeichert.

Nachdem das Dataframe in einer Variablen gespeichert ist, kann es in der 3 Sektion für die Datenauswertung verwendet werden. Die Programmierbibliothek Pandas strukturiert das Dataframe neu und gliedert es übersichtlich in die einzelnen Spalten auf. Durch die Verwendung und Umstrukturierung von Pandas kann dieses Dataframe an Matplotlib übergeben werden und es werden Grafiken mit den erhobenen Daten erzeugt.

Aus den umstrukturierten Daten und erzeugten Grafiken werden Ableitungen und Aussagen bezogen auf die eigentliche Problemstellung getroffen werden, welche im Kapitel 4 dieser Projektarbeit interpretiert werden.

2.3 Datenflussbild und Beschreibung des Vorgehens

In diesem Kapitel wird der genaue Datenfluss der Big Data Anwendung Schritt für Schritt vertieft und die Arbeitsweise des Programmes wird veranschaulicht. Die einzelnen Datenflussbilder ergeben sich aus der Systemarchitektur aus *Abbildung 2 im Kapitel 2.2*. Da auch die Systemarchitektur in 3 Teile aufgegliedert ist, wird der Datenfluss ebenfalls in 3 Subkapitel geteilt und das Vorgehen anhand des Datenflusses erläutert.

Das nächste Kapitel baut dann auf dem hier erläuterten theoretischen Vorgehen auf und befasst sich mit der Durchführung der beschriebenen Big Data Anwendung.

2.3.1 Datenerhebung und -speicherung in der MongoDB (Daten Crawlen)

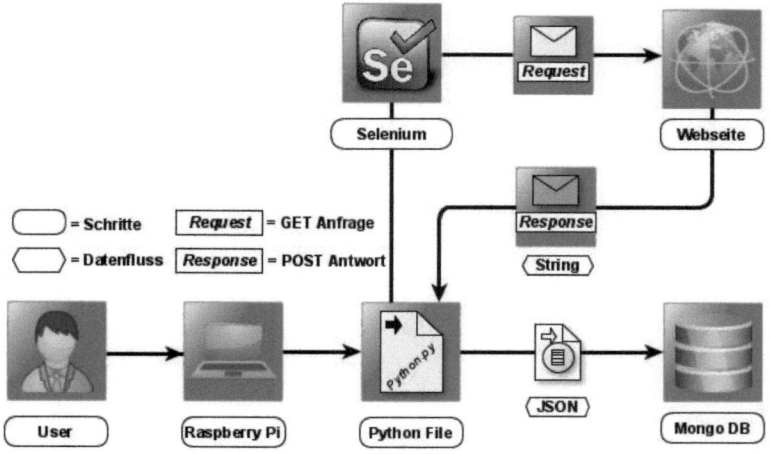

Abbildung 3 - Datenerhebung und -speicherung mittels Crawler

In *Abbildung 3* ist das Datenflussbild des Crawlers zur Datenerhebung und -speicherung der Daten in der MongoDB ersichtlich. Der Crawler als solches ist ein Python Skript, welches unabhängig von der Datenabfrage und -auswertung ausgeführt werden kann.

Wie in *Abbildung 3* ersichtlich startet der Nutzer die Python Anwendung auf seinem Rechner, in dieser Projektarbeit wird die Anwendung auf einem Raspberry Pi gestartet *(siehe Abbildung 1 im Anhang)*. Im ersten Schritt nach Start der Anwendung wird die Netzwerkanbindung geprüft, sofern diese besteht, wird eine Verbindung mit der Datenbank unter Nutzung von PyMongo aufgebaut.

Sobald die Applikation läuft und eine Datenbankverbindung aufgebaut ist, werden zwei Threads initialisiert, jeder Thread repräsentiert eine zu Crawlende Webseite. In beiden Threads wird der zugehörige Webdriver (je nach Art des Browsers unterschiedlich) initialisiert und die jeweilige zu crawlende URL wird übergeben. Der Webdriver, welcher von Selenium gesteuert wird, startet automatisiert den Browser, navigiert zu der übergebenden URL und sucht die im Vorfeld definierten HTML Elemente.

Im Prinzip steht jede Anfrage (Request) für das Auslesen der HTML Elemente der jeweiligen Webseite. Daraufhin wird eine Antwort (Response) zurück an das Backend, also das Python File geschickt. Die Antwort beinhaltet den Text innerhalb der HTML Elemente, diese werden in Variablen gespeichert und sind wie *in Abbildung 4 und 5, Punkt 1* zu erkennen strukturiert. Aus diesen Daten wird je nach Webseite ein Objekt der Klasse TeslaStarman oder TeslaRoadster erzeugt *(siehe Abbildung 4 und 5, Punkt 2)*. Bevor jedoch ein Objekt dieser Klassen erzeugt wird, werden die Variablen mit Umformungsoperationen in ein reines Zahlenformat umgewandelt, sodass sich die jeweiligen Werte ohne weitere Umwandlungen analysieren lassen.

Nachdem ein Objekt der jeweiligen Klasse angelegt ist, wird dieses Objekt in die MongoDB geschrieben. *Auf Abbildung 3* ist ersichtlich, dass kein reines Objekt, sondern das Objekt im JSON- Format in die Datenbank geschrieben wird. Dieses Vorgehen ist darauf zurückzuführen, dass jedes Objekt eine Funktion besitzt, welche das Objekt im JSON- Format repräsentiert, siehe *Abbildung 4 und 5, Punkt 3*.

Dieses vorgehen kann beliebig oft und schnell wiederholt werden, je nach Dynamik der HTML Elemente. Im Fall des Teslas im All werden die Daten in jedem Thread sekündlich, bis eine festgelegte Grenze an Datenmengen, Objekten oder eine zeitliche Grenze erreicht wurde, ausgelesen.

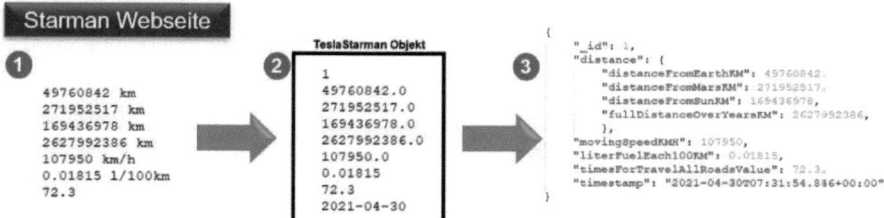

Abbildung 4 - Datensatz und Umformatierung der Tesla Starman Webseite

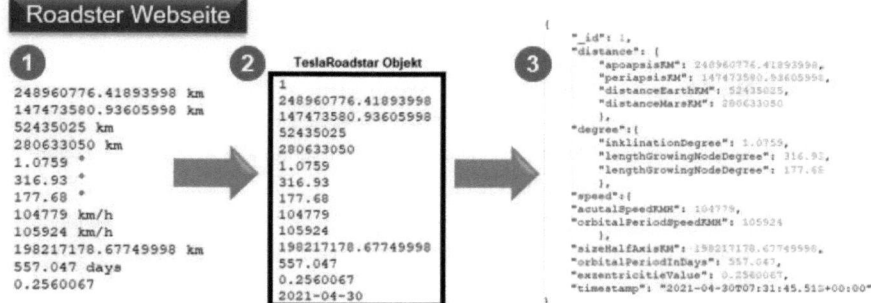

Abbildung 5 - Datensatz und Umformatierung der Tesla Roadster Webseite

2.3.2 Der Datenanalyseworkflow (Laden aller Daten)

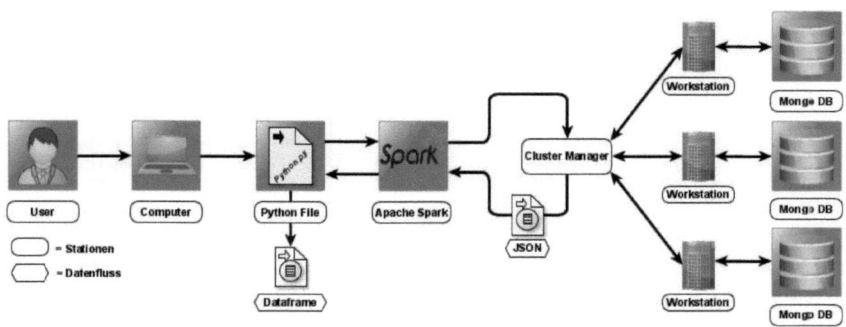

Abbildung 6 - Der Datenanalyseworkflow mit Apache Spark

Wie in Kapitel 2.1 beschrieben, wird zur Datenanalyse das Framework Apache Spark verwendet, welches in Python unter PySpark bekannt ist. Die Datenanalyse ist von dem Teilbereich der Datenerhebung getrennt ausführbar und wird von einem Benutzer über einen Computer gestartet. Wie bereits in 2.3.1 ist der initiale Schritt zum Starten die Ausführung des Python Skriptes. Die Anwendung baut eine im Apache Spark Session auf und verbindet sich automatisiert mit der MongoDB. Zur Erstellung einer automatisierten Sitzung muss die Datenbankverbindung mit den nötigen Authentifikationsdaten und Kerninformationen konfiguriert werden.

Nachdem eine Datenbankverbindung aufgebaut und die Apache Spark Session initialisiert ist, greift die Programmierbibliothek wie in *Abbildung 6* zu sehen, mit einem zwischengeschalteten Cluster Manager, der die einzelnen Workstations koordiniert, auf die MongoDB zu. Die MongoDB reicht die Daten an die anfragende Workstation weiter, die Workstation wiederum leitet die Daten direkt an den Cluster Manager durch. Mit der Aufteilung in mehrere Workstations ist eine deutlich performantere Abfrage von riesigen Datenfluten möglich.

Der Cluster Manager sammelt die Informationen der Dokumente aus der MongoDB und übersendet diese im JSON- Format an die Apache Spark Session. Dort wird die Datenflut in einem Dataframe, das die Daten im JSON- Format beinhalten, gebündelt und dem Python File bereitgestellt. Wie in *Abbildung 6* zu sehen, speichert die Python Anwendung das erhaltene Dataframe für eine spätere Verwendung in einer Variable ab. Das Dataframe innerhalb der Variable steht direkt für die Datenauswertung bzw. zur Weiterverarbeitung der Daten bereit.

2.3.3 Datenauswertung und -visualisierung

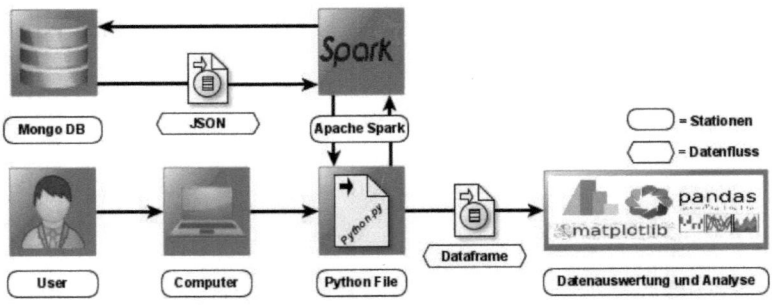

Abbildung 7- Datenauswertung der gesammelten Analysedaten und anschließende Visualisierung

Wie in *Abbildung 7* zu erkennen, hängt der 3 Teilbereich der Datenauswertung sehr eng mit dem 2 Teilbereich des Datenanalyseworkflows zusammen. Beide Teilbereiche teilen sich die Ausführung des Python Files durch einen Benutzer. Der Nutzer initialisiert mit seinem Rechner eine Apache Spark Session und baut über die Session eine Datenbankverbindung auf. Das Ergebnis der Session ist wie in Kapitel 2.3.2 das zurückerhaltene Dataframe.

In *Abbildung 7* geht es primär um das Weiterverarbeiten des Dataframes vom Python Skript mit dem Framework Pandas in Kombination mit dem Framework Matplotlib.

Das Dataframe wird an Pandas übergeben und umformatiert, sodass kein Apache Spark Dataframe mehr verwendet wird, sondern ein auf Pandas abgestimmtes Dataframe, welches die Datenverwaltung und -handling wesentlich vereinfacht.

Ein Dataframe besteht aus Reihen und Spalten, über die auch auf die Daten innerhalb des Dataframes zugegriffen werden. Um einzelne Spalten eines Dataframes zu separieren, wird in Python identisch zu einem Listenelement auf die zu separierende Reihe zugegriffen, die separierten Dataframespalten werden in gesonderten Variablen gespeichert.

Nachdem das Dataframe separiert wurde und auf die Informationen getrennt zugegriffen werden kann, werden diese Variablen im Framework Matplotlib verarbeitet. Erst werden die Visualisierungsdetails konfiguriert, sodass man einzelne Grafiken nach Belieben gestalten kann. Danach werden die Variablen, die die Datenflut beinhalten, als X- und Y-Wert an die Grafik übergeben und die Visualisierung wird automatisiert dargestellt.

Im letzten Schritt wird ein Report ausgegeben, welcher weitere berechnete Informationen aus den Datenquellen z. B. Minimalgeschwindigkeit, Maximalgeschwindigkeit, Standardabweichung, Durchschnittsgeschwindigkeit, Auswertungszeitraum, zurückgelegte Distanz innerhalb des Zeitraums und die Prognose der zurückgelegten Distanz bis zum 01.01.2025 beinhaltet.

3   Durchführung

Wie bereits erwähnt, dient dieses Kapitel als Beschreibung der praktischen Durchführung der unter Kapitel 2.2 erarbeiteten Systemarchitektur und der im Kapitel 2.3 beschriebenen Datenflussdiagramme mit den ausgewählten Frameworks.

Bei der praktischen Implementation wird Gesamtsystem in zwei Teilsysteme unterteil. Jedes dieser Teilsystemen ist ein eigenes laufzeitfähiges Skript, welches unabhängig voneinander ausgeführt werden kann.

Ein System ist für die Datenerhebung und -speicherung der Datensätze in der Datenbank zuständig, das andere System dient der Abfrage, Verarbeitung und Analyse der erhobenen Daten in Hinblick auf die Datenanalysefragestellungen.

Nachfolgend zu diesem Kapitel ist die Ergebnisbetrachtung, wo die erzielten Resultate der Auswertung genauer betrachtet werden, um entsprechende Ableitungen zu treffen und ggf. die zu untersuchenden Fragestellungen zu beantworten.

3.1   Datenspeicherung der Datensätze

Wie unter 2.3.1 bereits beschrieben wurde, wird das Python Skript mit dem Crawler auf dem Raspberry Pi gestartet. Um die Umsetzung wie beschrieben zu gestalten, ist für die Implementierung die Ordnerstruktur wie in *Abbildung 8* zu erkennen gewählt worden.

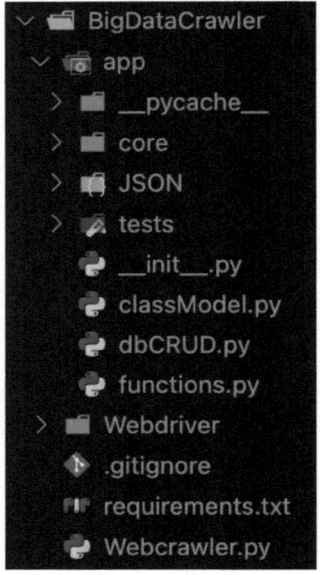

Abbildung 8 - Ordnerstruktur des Crawlers zur Datenerhebung

Die übergeordnete Struktur besteht aus dem Ordner App, dem Ordner Webdriver und dem Webcrawler.py File. In dem Ordner Webdriver sind verschiedene Treiber je nach Browsertyp für spätere Verwendung abgelegt. Im Ordner App sind weitere Unterordner und Files enthalten. Eine wichtige Rolle nehmen die Ordner JSON und Core ein. Im JSON Ordner befinden sich alle notwendigen Authentifikationsdaten im JSON- Format, um sie getrennt vom eigentlichen Sourcecode aufzubewahren. Im Ordner Core ist das Herzstück enthalten, was die einzelnen Threads mit den zugehörigen URLs und Funktionen initialisiert.

Um das Python Skript mit allen zugehörigen Funktionen starten zu können, muss das Skript Webcrawler.py über die Kommandozeile oder über einen Run- Befehl ausgeführt werden. Im Webcrawler.py File werden die einzelnen Threads importiert, die als eigenständiger Prozess ausgeführt werden.

Zur Verdeutlichung der Funktionsweise der Anwendung wird sich am eigentlichen Sourcecode der Anwendung des Threads Tesla Starman orientiert.

```python
def crawlWhereIsStarman():
    collection = dbConnection(1)
    driver = initWebDriver(jsonReader(getJsonPath(2))["SecSite"])
    id = autoIncrementID(collection)
    while id < 500000:
        id = autoIncrementID(collection)
        obj = whereIsStarman(id,
            float(driver.find_element_by_id("dist_km").text.replace(",", "")),
            float(driver.find_element_by_id("mdist_km").text.replace(",", "")),
            float(driver.find_element_by_id("srdist_km").text.replace(",", "")),
            float(driver.find_element_by_id("sdist_km").text.replace(",", "")),
            float(driver.find_element_by_id("sspeed_kph").text.replace(",", "")),
            float(driver.find_element_by_id("lp100km").text),
            float(driver.find_element_by_id("road_times").text))
        insertObjectInDB(collection, obj.formatDict())
        time.sleep(1)
    print("Fehler Vorgang wird abgebrochen")
    driver.close()
```

Abbildung 9 - Programmcode der innerhalb eines Threads zur Datenerhebung genutzt wird

In *Abbildung 9* ist der verwendete Code abgebildet, welcher im Folgenden systematisch erklärt wird. An oberer Stelle wird die Datenbankverbindung aufgebaut und der Datenbankverbindung werden die Authentifikationsdaten übergeben. Nachfolgend wird der benötigte Webdriver initialisiert und eine URL wird an den Webdriver übergeben.

Nachdem die beiden Verbindungen initialisiert wurden, wird die aktuellste ID der MongoDB in einer Variablen gespeichert. Innerhalb der While- Schleife wird kontinuierlich geprüft, ob die Collection bereits 500.000 Einträge enthält *(siehe Abbildung 2 im Anhang)*, sofern das nicht der Fall ist, navigiert der Webdriver zu den

HTML Elementen und gibt den Inhalt der HTML Elemente zurück. Dieser Wert wird in einem Float Datentyp gewandelt, mit dem auch ein Objekt der Klasse TeslaStarman oder TeslaRoadster erzeugt wird. Im Letzten Schritt wird das Objekt in das JSON- Format umformatiert und mit der bestehenden Datenbankverbindung in die MongoDB geschrieben.

Nach erfolgreichem Schreibvorgang wird der Thread 1 Sekunde pausiert und die Schleife beginnt mit der neuen Iteration.

3.2   Zugriff auf gespeicherte Datensätze und Analyse der Daten

Das Kapitel 3.2 besteht aus zwei Unterkapiteln, die wiederum in der praktischen Umsetzung zusammengefasst wurden. Da die in *Abbildung 10* ersichtliche Ordnerstruktur in der Implementierung identisch ist, wird diese nur einmal erläutert.

Abbildung 10 - Ordnerstruktur zur Initialisierung von PySpark und die daraus folgende Analyse

Die obere Struktur besteht aus einem Ordner App und einem Analyse.py File. Über das Analyse.py File kann die Applikation ausgeführt werden. Im Ordner App befinden sich ein JSON- und Testordner. Im Ordner JSON sind wie in Kapitel 3.1 die Authentifikationsdaten zu finden. Der Ordner Test gehört im Wesentlichen nicht zu den Grundfunktionalitäten der Anwendung.

Im File der Funktionen ist die Logik des Skriptes zu finden. Unter den einzelnen Funktionen befindet sich die Initialisierung und Konfiguration des Spark Frameworks, die Umformatierung, Verwaltung und das Handling der Daten mit Pandas und die Konfiguration und das eigentliche Visualisieren der Daten mit Matplotlib.

3.2.1 Zugriff und laden aller Datensätze aus der Datenbank

Sobald der Crawler genug Daten für eine mögliche Datenauswertung abgegriffen hat, können die gesammelten Daten wie unter 2.3.2 beschrieben abgefragt und in ein Dataframe geschrieben werden.

```python
# Sparksession erstellen und Optionen festlegen
spark = SparkSession\
    .builder\
    .master('local')\
    .appName("myApp")\
    .config('spark.mongodb.input.uri', 'mongodb://127.0.0.1/InformationSet.' + collection)\
    .config('spark.mongodb.output.uri', 'mongodb://127.0.0.1/InformationSet.' + collection)\
    .config('spark.jars.packages', 'org.mongodb.spark:mongo-spark-connector_2.12:2.4.2')\
    .config("spark.sql.execution.arrow.pyspark.enabled", "true")\
    .config('spark.executor.memory', '4g')\
    .config('spark.driver.memory', '4g')\
    .config('spark.executor.cores', '4')\
    .config('spark.cores.max', '4')\
    .getOrCreate()
```

Abbildung 11 - Konfiguration der PySpark Session

Im praktischen Vorgehen wird wie in *Abbildung 11* ersichtlich eine PySpark Session konfiguriert und Parameter wie z. B. die Anzahl der Prozessorkerne, die Kapazität des zur Verfügung gestellten Arbeitsspeichers und weitere Optionen werden festgelegt.

Nach Konfiguration wird die PySpark Session wie in *Abbildung 12* initialisiert, um auch riesige Datenabfragen performant auszuführen.

```python
# Dataframe als Speicherargument und Initialisierung von Pyspark
df01 = spark.read\
    .format("com.mongodb.spark.sql.DefaultSource")\
    .option("uri", "mongodb+srv://DataManager:" \
    + urllib.parse.quote_plus("          ") \
    + "@tesladatastorage.jqg5t.mongodb.net/InformationSet?"\
    +"retryWrites=true&w=majority")\
    .option("database", "InformationSet")\
    .option("collection", collection)\
    .load()
df01.show()
```

Abbildung 12 - Initialisierung der PySpark Session

Sofern die Konfiguration und Initialisierung erfolgreich abgeschlossen ist, kann die eigentlich Datenabfrage aus der MongoDB beginnen. Bei erfolgreichem Verbindungsaufbau der Anwendung erscheint im Terminal wie in *Abbildung 3 im Anhang* ersichtlich, ein Informationstext indem der erste Datenkopf der Datenabfrage ausgegeben wird.

```python
# Dataframe zu einem Pandas Dataframe wrappen
dfPandas = df01.toPandas()
return dfPandas
```

Abbildung 13 - Umformatieren des PySpark Dataframes in ein Pandas Dataframe

Am Ende der Abfrage wird das Ergebnis an das Python File übergeben, welches wie in *Abbildung 13* zu erkennen, direkt in ein Pandas- Dataframe umformatiert wird.

3.2.2 Analyse der gesamten Datensätze

Aufbauend auf Kapitel 3.2.1 wird mit dem Ergebnis der Datenabfrage von PySpark gearbeitet. Die Ausgangssituation ist das PySpark Dataframe bereits in ein Pandas Dataframe gewandelt wurde. Somit stehen alle Funktionen der Frameworks Pandas und Matplotlib zur Verfügung.

Zuerst wird das Dataframe entpackt und in die einzelnen Spalten zerlegt, so wird aus einem 500.000 x 8 Dataframe, welches alle Informationen erhält, ein 500.000 x 1 Dataframe, welches nur eine Spalte des jeweiligen Ursprungsdataframes beinhaltet.

Das Entpacken spielt eine wichtige Rolle für die Übergabe der Werte an Matplotlib, da Matplotlib nur einen Wert pro Reihe als Inputargument verlangt.

Wie in *Abbildung 14* ersichtlich ist, wird die visuelle Darstellung konfiguriert, die Konfiguration nimmt wesentlichen Einfluss auf die Darstellung der Auswertungsdaten, ebenfalls werden für die X- und Y- Inputparameter die einzelnen Dataframereihen der Geschwindigkeit und des Zeitstempels eingesetzt.

```python
# Zeichnet das Geschwindigkeitsdiagramm zu einem Zeitpunkt
def plotSpeedTimeDiagram(dataframeMovingSpeed, dataframeTimestamp):
    fig = plt.figure("Geschwindigkeits / Zeit Diagramm")
    ax = fig.add_subplot(111)
    ax.plot(dataframeTimestamp, dataframeMovingSpeed, '-', c='#070026', linewidth='4', label="Geschwindigkeitsverlauf")
    y_formatter = ScalarFormatter(useOffset=False)
    ax.yaxis.set_major_formatter(y_formatter)
    ax.xaxis.set_major_locator(plt.MaxNLocator(3))

    font1 = {'family': 'serif', 'color': '#080706', 'size': 18, 'weight': "bold"}
    font2 = {'family': 'serif', 'color': '#080706', 'size': 14, 'weight': "bold"}

    plt.title("Geschwindigkeit / Zeit Diagramm vom Tesla im All", fontdict=font1, loc='center')
    plt.xlabel("Zeitstempel", fontdict=font2)
    plt.ylabel("Tesla Geschwindigkeit in KM/H", fontdict=font2)
    plt.legend(loc='upper left')

    plt.show()
```

Abbildung 14 - Konfiguration der grafischen Darstellung der einzelnen Datensätze

Dieses Vorgehen ist bei allen Grafiken identisch, jedoch werden die Inputwerte mit anderen Parametern befüllt und die Beschriftungen in den Konfigurationen müssen abgeändert werden.

Wird nun das Programm ausgeführt, wird das Dataframe automatisiert entpackt und die jeweilige Grafik wird dargestellt.

Durch die Auswertung und Darstellung können die Analyseergebnisse untersucht und interpretiert werden. Während der Untersuchung der Analyseergebnisse wird die ursprüngliche Problemfragestellung der Datenqualität und der Prognose der zurückgelegten Wegstrecke bis 2025 aufgegriffen und es werden gezielte Ergebnisse herausgearbeitet.

4 Ergebnisbetrachtung der Analyse unter Berücksichtigung der Datenanalysefragestellungen

Nachdem alle Datensätze und Auswertungen wie in Kapitel 3 beschrieben vorliegen, geht es in Kapitel 4 darum, diese Ergebnisse im Kontext zu interpretieren, d. h. die Datenauswertung miteinander zu vergleichen und Auffälligkeiten genauer zu betrachten.

4.1 Ergebnisbetrachtung

Da die Daten von zwei unterschiedlichen Webseiten zu einem identischen Thema betrachtet werden, kann es zu minimalen Abweichungen kommen. Jedoch stellt sich die Frage wie fundiert die eigentliche Datenqualität überhaupt ist oder kommt es bei der Analyse der Daten zu größeren Abweichungen bzw. Ungenauigkeiten.

In *Abbildung 15* sind die Analyseergebnisse der Tesla Starman Webseite und in *Abbildung 16* die Analyseergebnisse der Tesla Roadster Webseite abgebildet.

Im direkten Vergleich fällt aus, dass die durchschnittliche Geschwindigkeit über das gesamte Auswertungsintervall relativ nah beisammen liegt, jedoch kommt es bei der Maximal- und Minimalgeschwindigkeit zu enormen Abweichungen. Bei Betrachtung der Standardabweichung fällt auf, dass der Wert der Tesla Starman Webseite einen Faktor 10 kleiner ist, als die Standardabweichung der Tesla Roadster Webseite.

Bei Betrachtung der zurückgelegten Wegstrecke innerhalb des Auswertungsintervalls ist ersichtlich, dass die Wegstrecke nahezu identisch ist, die minimale Abweichung der zurückgelegten Distanz ist auf die unterschiedliche Länge des Auswertungsintervalls zurückzuführen. Aufgrund der unterschiedlichen Speichervolumen der Datensätze kam es zu unterschiedlichen Laufzeiten eines Schleifenvorgangs, diese minimal verlängerte Laufzeit summiert sich auf einer Intervalllänge von 10 Tagen (entspricht 500.000 Iterationen) auf fast 3 Stunden auf.

Zur Beantwortung der Fragestellung auf die Prognose der zurückgelegten Distanz für das Jahr 2025 ist aus beiden Abbildungen ersichtlich, dass es auch hier zu Unterschieden in der zurückgelegten prognostizierten Distanz kommt. Jedoch wird die Prognose mit den erhobenen Daten aus dem Auswertungsintervall vollzogen, sprich mit den abweichenden Geschwindigkeitsdaten aus *Abbildung 16*. Ein wesentlicher Grund für die Unterschiedlichkeit der Werte kann eine erhöhte Volatilität sein, was auch die großen Abweichungen zu *Abbildung 15* erklärt.

Die beiden berechneten Prognosen bis zum Stichtag des 01.01.2025 sind grafisch im *Anhang unter Abbildung 4 und 5* einsehbar.

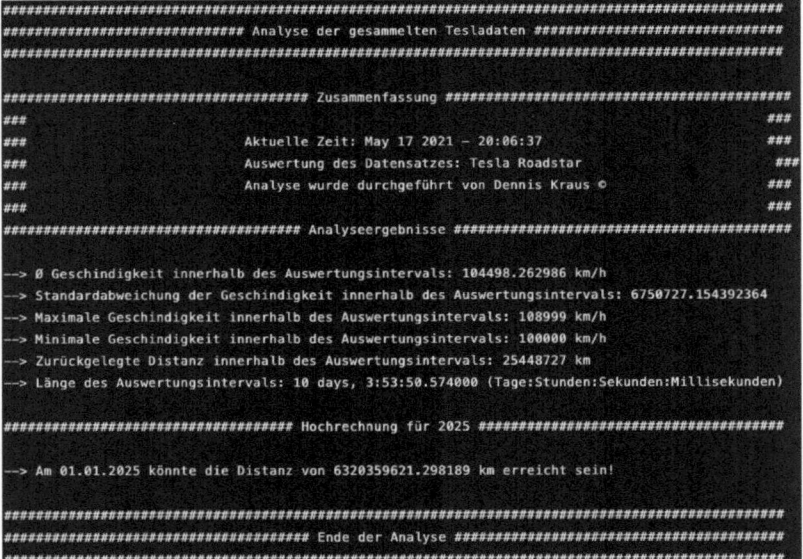

```
######################################################################
############################# Analyse der gesammelten Tesladaten #####################
######################################################################


######################################## Zusammenfassung ##########################
###                                                                ###
###                                                                ###
###              Aktuelle Zeit: May 17 2021 - 19:16:06             ###
###              Auswertung des Datensatzes: Tesla Starman         ###
###              Analyse wurde durchgeführt von Dennis Kraus ©     ###
###                                                                ###
################################# Analyseergebnisse ##########################

--> Ø Geschindigkeit innerhalb des Auswertungsintervals: 104503.860804 km/h
--> Standardabweichung der Geschindigkeit innerhalb des Auswertungsintervals: 855416.4487324738
--> Maximale Geschindigkeit innerhalb des Auswertungsintervals: 106120.0 km/h
--> Minimale Geschindigkeit innerhalb des Auswertungsintervals: 103017.0 km/h
--> Zurückgelegte Distanz innerhalb des Auswertungsintervals: 25196533 km
--> Länge des Auswertungsintervals: 10 days, 1:19:04.604000 (Tage:Stunden:Sekunden:Millisekunden)


################################ Hochrechnung für 2025 #########################

--> Am 01.01.2025 könnte die Distanz von 5993174200.456021 km erreicht sein!


#################################### Ende der Analyse ##########################
######################################################################
######################################################################
```

Abbildung 15 - Analyseergebnisse der Daten der Tesla Starman Webseite

```
######################################################################
############################# Analyse der gesammelten Tesladaten #####################
######################################################################


######################################## Zusammenfassung ##########################
###                                                                ###
###                                                                ###
###              Aktuelle Zeit: May 17 2021 - 20:06:37             ###
###              Auswertung des Datensatzes: Tesla Roadstar        ###
###              Analyse wurde durchgeführt von Dennis Kraus ©     ###
###                                                                ###
################################# Analyseergebnisse ##########################

--> Ø Geschindigkeit innerhalb des Auswertungsintervals: 104498.262986 km/h
--> Standardabweichung der Geschindigkeit innerhalb des Auswertungsintervals: 6750727.154392364
--> Maximale Geschindigkeit innerhalb des Auswertungsintervals: 108999 km/h
--> Minimale Geschindigkeit innerhalb des Auswertungsintervals: 100000 km/h
--> Zurückgelegte Distanz innerhalb des Auswertungsintervals: 25448727 km
--> Länge des Auswertungsintervals: 10 days, 3:53:50.574000 (Tage:Stunden:Sekunden:Millisekunden)


################################ Hochrechnung für 2025 #########################

--> Am 01.01.2025 könnte die Distanz von 6320359621.298189 km erreicht sein!


#################################### Ende der Analyse ##########################
######################################################################
######################################################################
```

Abbildung 16 - Analyseergebnisse der Daten der Tesla Roadster Webseite

4.2 Kritische Würdigung des Ergebnisses

Im Wesentlichen stechen aus den erzielten Ergebnissen zwei Auffälligkeiten heraus. Zum einen gibt es in den ermittelten Geschwindigkeitswerten drastische Unterschiede zwischen Minimal- und Maximalgeschwindigkeit und der Standardabweichung. Zum anderen muss die Distanz aufgrund der Unstimmigkeiten der Geschwindigkeit genauer auf Richtigkeit kontrolliert werden.

Zur Untersuchung der Geschwindigkeiten werden die einzelnen Datenwerte in einem Geschwindigkeit / Zeit Diagramm miteinander verglichen. In *Abbildung 17* sind die Geschwindigkeitswerte der jeweiligen Webseite den zugehörigen Zeitstempel zugeordnet und visualisiert worden.

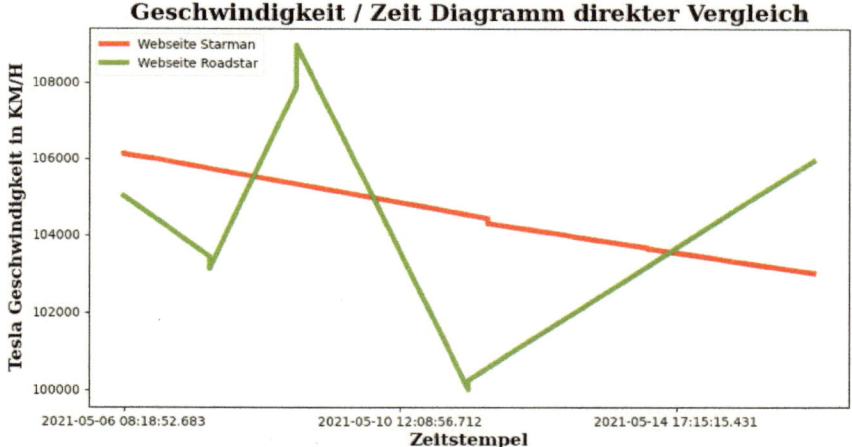

Abbildung 17 - Vergleich der Geschwindigkeiten über das Auswertungsintervall

Aus *Abbildung 17* gehen die unterschiede der beiden Geschwindigkeitsverläufe hervor. Die Webseite Tesla Roadster hat einen sehr volatilen und nicht kontinuierlichen Verlauf, im Gegenzug besitzt die Tesla Starman Webseite einen kontinuierlich fallenden Verlauf *(siehe Abbildung 6 und 7 im Anhang)*, was eine realistische Verlaufskurve der Geschwindigkeit für ein Objekt in einer Umlaufbahn ist. Die Geschwindigkeitswerte sind jedoch im Durchschnitt relativ identisch, da sich die großen Schwankungen der Tesla Roadster Webseite über das Auswertungsintervall im Durchschnitt ausgleichen.

Die Unterschiedlichkeit der Werte wie Minimal- und Maximalgeschwindigkeit und der Standardabweichungen sind auf die Schwankungen wie in *Abbildung 17* zurückzuführen.

Aufgrund der stark schwankenden Geschwindigkeiten werden auch die Distanzwerte der beiden Webseiten verglichen, so kann ein kritischer Blick auf weitere Abweichungen genommen werden.

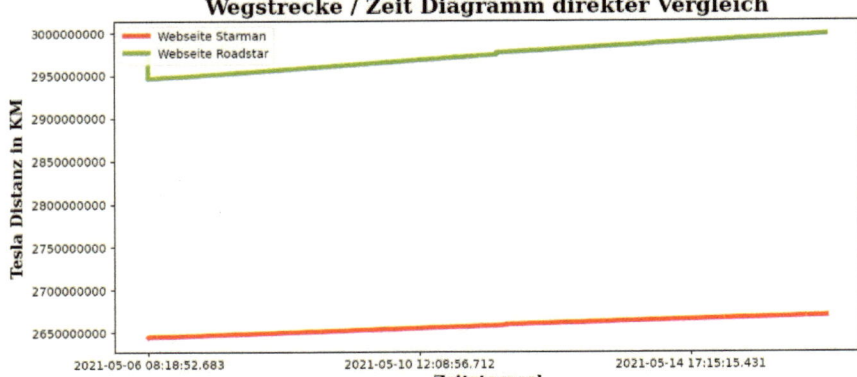

Abbildung 18 - Vergleich der Wegstrecke über das Auswertungsintervall

Im direkten Vergleich aus *Abbildung 18* ist ersichtlich, dass die Unterschiede der Distanz bereits vor der Datenauswertung bestanden. Im direkten Vergleich aus Kapitel 4.1 wurden nur die Distanzwerte innerhalb des Auswertungsintervalls betrachtet, jedoch bestand schon weit vor der Auswertung eine unterschiedliche Wegstreckendistanz, die sich über die Jahre (seit Launch des Teslas im All) ausgeweitet *hat (siehe Abbildung 8 und 9 im Anhang)*.

In Bezug auf die Datenqualität weißen beide Webseiten geringe, jedoch bemerkbare Unterschiede auf. Gerade die Unterschiede in den Geschwindigkeitskennziffern sind gravierend. Was allerdings aus dieser Auswertung deutlich hervorsticht, ist, dass die Webseite Tesla Starman ein fundiertes geprüftes System zur Berechnung der Tesla Sensordaten verwendet, um diese auf der Webseite präsentieren zu können, was sich auch in der Glaubwürdigkeit der Daten widerspiegelt.

Durch den sprunghaften Verlauf der Geschwindigkeitswerte und der Abweichungen in Distanzwerten seit Launch des Teslas ist an der Qualität an der Art der Berechnung der Webseite Tesla Roadster zu zweifeln.

Ein weiter Punkt ist die Prognose der zurückgelegten Distanz zum Zeitpunkt des 01.01.2025, diese Prognose wurde anhand der erhobenen Daten innerhalb des Auswertungsintervalls berechnet. Würde ein größeres Auswertungsintervall z. B. 1 Jahr gewählt werden, so wären die Unterschiede in der prognostizierten zurückgelegten Wegstrecke bis 2025 deutlich ersichtlich.

5 Zusammenfassung und Ausblick

In dieser Projektarbeit geht es darum, sich mit einem selbst gewählten Datenanalyseproblem zu beschäftigen, welches durch die Anwendung von modernen Datenanalysesystemen zu lösen ist.

Das gewählte Datenanalyseproblem beschäftigt sich mit dem Tesla im All, der am 06.02.2018 mit einer Rakete in die Umlaufbahn geschossen wurde. Dieser Tesla ist rundum mit Sensorik ausgestattet, um möglichst viele Daten über die Position, Geschwindigkeit etc. zu sammeln. Die Sensordaten wurden auf zwei Webseiten präsentiert. Nach knapp zwei Jahren ist die Sensorik an dem Tesla ausgefallen und die Sensorwerte müssen näherungsweise berechnet werden, um die Webseiten weiterhin mit Inhalt zu füllen.

Daraus ergibt sich die Frage der Unterschiedlichkeit bzw. Qualität der Daten auf beiden Webseiten. Ebenso stellt sich die weitere Analysefrage und zwar die der zurückgelegten Distanz zu einem bestimmten Zeitpunkt d. h. ist es aus den simulierten Daten der Webseite möglich, die zurückgelegte Distanz zum Zeitpunkt X zu prognostizieren?

Um eine Antwort auf die Fragestellungen geben zu können, sind insgesamt 500.000 Datensätze pro Webseite gesammelt (Insgesamt 1.000.000 Datensätze). Diese Datensätze sind mit einem Big Data Framework geladen und mit weiteren Frameworks analysiert und grafisch dargestellt worden.

Das Analyseergebnis in Hinblick auf die Qualität der Daten weißt durchaus Unterschiede in der Charakteristik der Geschwindigkeitswerte und der weiteren berechneten Werte in Bezug auf die Geschwindigkeit auf. Im Vergleich der zurückgelegten Distanzwerte fallen über das Auswertungsintervall kaum Unterschiede auf, werden jedoch die Distanzwerte seit Launch des Teslas im All betrachtet, so ist ein deutlicher Unterschied beider Werte erkennbar.

In der Prognosen Berechnung sind die Distanzunterschiede gering, aber auch hier gibt es minimale Abweichungen und bei Auswahl eines größeren Auswertungsintervalls werden diese Abweichungen durchaus deutlicher.

Aufgrund dieser Auffälligkeiten ist die Tesla Roadster Webseite ungeeignet für Datenerhebungen und deren Auswertung. Die angezeigten Werte der Webseite sind zu volatil und haben einen unrealistischen Verlauf. Im Gegenzug weißt die Tesla Starman Webseite einen nachvollziehbaren und optisch qualitativen Datenverlauf aus, weswegen diese Webseite als Datenquelle für zukünftige Analysen herangezogen werden sollte.

Im Endeffekt zeigen diese Ergebnisse wie wichtig es ist, die Bezugsquellen der Daten für Auswertungen im Vorfeld genau zu prüfen und die Herkunft der Daten aus der jeweiligen Bezugsquelle nachzuvollziehen. Denn egal wie gut eine Auswertung bzw. Analyse auch ist, stimmt die Qualität der Daten nicht, so verfälscht es die Auswertungsergebnisse.

Anhang: Weitere Abbildungen

Anhang 1 - Raspberry Pi auf dem der Crawler zur Datenerhebung läuft

InformationSet

DATABASE SIZE: **389.8MB**   INDEX SIZE: **15.26MB**   TOTAL COLLECTIONS: **3**

CREATE COLLECTION

Collection Name	Documents	Documents Size	Documents Avg	Indexes	Index Size	Index Avg
TeslaRoadstar	500000	182.63MB	383B	1	5.74MB	5.74MB
TeslaStarman	500000	121.12MB	254B	1	5.68MB	5.68MB

Anhang 2 – Datenmenge der zu analysierenden Daten aus der MongoDB

```
denniskraus@Denniss-MBP BigDataPyspark % python3 Analyse.py
3.1.1
WARNING: An illegal reflective access operation has occurred
WARNING: Illegal reflective access by org.apache.spark.unsafe.Platform (file:/Library/Frameworks/Python.framework/Versions/3.9/l_b/python3.9/s
WARNING: Please consider reporting this to the maintainers of org.apache.spark.unsafe.Platform
WARNING: Use --illegal-access=warn to enable warnings of further illegal reflective access operations
WARNING: All illegal access operations will be denied in a future release
:: loading settings :: url = jar:file:/Library/Frameworks/Python.framework/Versions/3.9/lib/python3.9/site-packages/pyspark/jars/ivy-2.4.0.jar
Ivy Default Cache set to: /Users/denniskraus/.ivy2/cache
The jars for the packages stored in: /Users/denniskraus/.ivy2/jars
org.mongodb.spark#mongo-spark-connector_2.12 added as a dependency
:: resolving dependencies :: org.apache.spark#spark-submit-parent-89c3aeb0-4f4a-4a4b-9029-d3dc11595934;1.0
        confs: [default]
        found org.mongodb.spark#mongo-spark-connector_2.12;2.4.2 in central
        found org.mongodb#mongo-java-driver;3.12.5 in central
:: resolution report :: resolve 989ms :: artifacts dl 8ms
        :: modules in use:
        org.mongodb#mongo-java-driver;3.12.5 from central in [default]
        org.mongodb.spark#mongo-spark-connector_2.12;2.4.2 from central in [default]
        ---------------------------------------------------------------------
        |                  |            modules            ||   artifacts   |
        |       conf       | number| search|dwnlded|evicted|| number|dwnlded|
        ---------------------------------------------------------------------
        |     default      |   2   |   0   |   0   |   0   ||   2   |   0   |
        ---------------------------------------------------------------------
:: retrieving :: org.apache.spark#spark-submit-parent-89c3aeb0-4f4a-4a4b-9029-d3dc11595934
        confs: [default]
        0 artifacts copied, 2 already retrieved (0kB/58ms)
21/05/17 20:50:05 WARN NativeCodeLoader: Unable to load native-hadoop library for your platform... using builtin-java classes where applicable
Using Spark's default log4j profile: org/apache/spark/log4j-defaults.properties
Setting default log level to "WARN".
To adjust logging level use sc.setLogLevel(newLevel). For SparkR, use setLogLevel(newLevel).
+---+--------------------+-------------------+--------------+---------------------+-------------------+
|_id|            distance|literFuelEach100KM|movingSpeedKMH|timesForTravelAllRoadsValue|        timestamp|
+---+--------------------+-------------------+--------------+---------------------+-------------------+
|  1|{5.342998E7, 2.80...|            0.01804|      106120.0|                 72.7|2021-05-06 08:18:...|
|  2|{5.3443877E7, 2.8...|            0.01804|      106113.0|                 72.7|2021-05-06 08:48:...|
|  3|{5.3443904E7, 2.8...|            0.01804|      106113.0|                 72.7|2021-05-06 08:48:...|
|  4|{5.3455761E7, 2.8...|            0.01804|      106108.0|                 72.7|2021-05-06 09:13:...|
|  5|{5.3455776E7, 2.8...|            0.01804|      106108.0|                 72.7|2021-05-06 09:13:...|
|  6|{5.3455823E7, 2.8...|            0.01804|      106108.0|                 72.7|2021-05-06 09:13:...|
|  7|{5.345583E7, 2.80...|            0.01804|      106108.0|                 72.7|2021-05-06 09:13:...|
|  8|{5.3455846E7, 2.8...|            0.01804|      106108.0|                 72.7|2021-05-06 09:13:...|
|  9|{5.3455864E7, 2.8...|            0.01804|      106108.0|                 72.7|2021-05-06 09:13:...|
| 10|{5.3455878E7, 2.8...|            0.01804|      106108.0|                 72.7|2021-05-06 09:13:...|
| 11|{5.3455886E7, 2.8...|            0.01804|      106108.0|                 72.7|2021-05-06 09:13:...|
| 12|{5.3455904E7, 2.8...|            0.01804|      106108.0|                 72.7|2021-05-06 09:13:...|
| 13|{5.3455918E7, 2.8...|            0.01804|      106108.0|                 72.7|2021-05-06 09:13:...|
| 14|{5.3455926E7, 2.8...|            0.01804|      106108.0|                 72.7|2021-05-06 09:13:...|
| 15|{5.3455944E7, 2.8...|            0.01804|      106108.0|                 72.7|2021-05-06 09:13:...|
| 16|{5.345595E7, 2.80...|            0.01804|      106108.0|                 72.7|2021-05-06 09:13:...|
| 17|{5.3455956E7, 2.8...|            0.01804|      106108.0|                 72.7|2021-05-06 09:13:...|
| 18|{5.3455975E7, 2.8...|            0.01804|      106108.0|                 72.7|2021-05-06 09:13:...|
| 19|{5.3455989E7, 2.8...|            0.01804|      106108.0|                 72.7|2021-05-06 09:13:...|
| 20|{5.3455997E7, 2.8...|            0.01804|      106108.0|                 72.7|2021-05-06 09:13:...|
+---+--------------------+-------------------+--------------+---------------------+-------------------+
only showing top 20 rows

[Stage 2:==================>                                  (1 + 1) / 3]
```

Anhang 3 - Informationstext nach erfolgreicher Konfiguration und Initialisierung

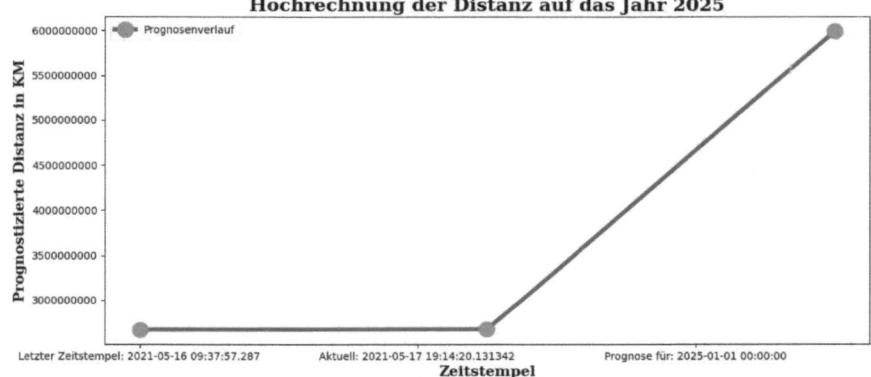

Anhang 4 - Prognostizierte Distanz zum Stichtag des 01.01.2025 mit Daten der Tesla Starman Webseite

Anhang 5 - Prognostizierte Distanz zum Stichtag des 01.01.2025 mit Daten der Tesla Roadster Webseite

Anhang 6 - Geschwindigkeitsverlauf der Tesla Starman Webseite

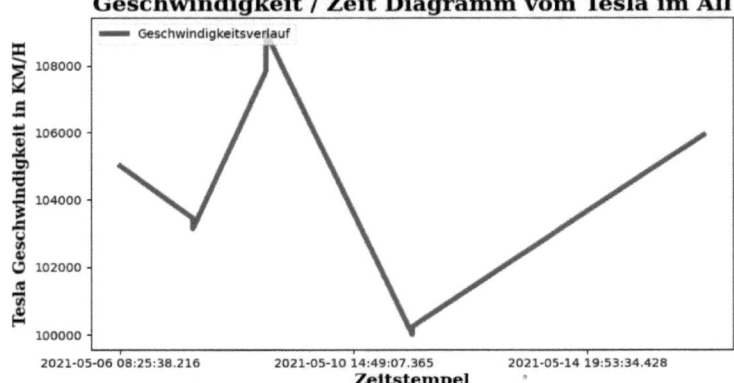

Anhang 7 - Geschwindigkeitsverlauf der Tesla Roadster Webseite

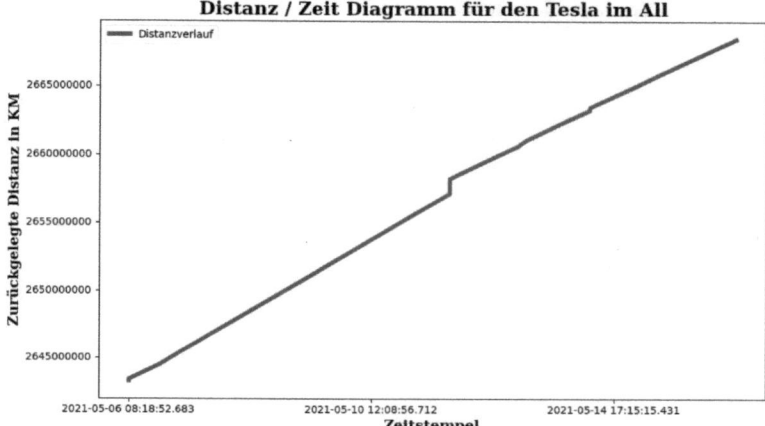

Anhang 8 - Wegstreckenverlauf der Tesla Starman Webseite

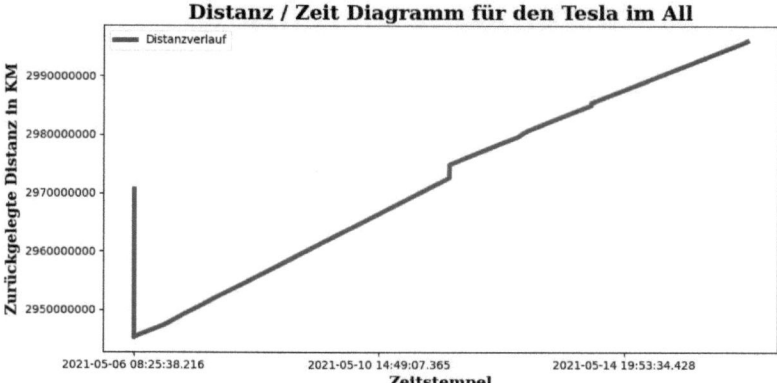

Anhang 9 - Wegstreckenverlauf der Tesla Roadster Webseite

Literaturverzeichnis

[1] big data volume velocity variety veracity – Surya Gutta. [Online]. Verfügbar unter: https://suryagutta.medium.com/the-5-vs-of-big-data-2758bfcc51d (Zugriff am: 21. Mai 2021).

[2] D. Fasel und A. Meier, Big Data: Grundlagen, Systeme und Nutzungspotenziale. Wiesbaden: Springer Vieweg, 2016.

[3] Matplotlib: Python plotting — Matplotlib 3.4.2 documentation. [Online]. Verfügbar unter: https://matplotlib.org/ (Zugriff am: 21. Mai 2021).

[4] pandas - Python Data Analysis Library. [Online]. Verfügbar unter: https://pandas.pydata.org/ (Zugriff am: 21. Mai 2021).

[5] SeleniumHQ Browser Automation. [Online]. Verfügbar unter: https://www.selenium.dev/ (Zugriff am: 21. Mai 2021).

[6] Where is Starman? Track Elon Musk's Tesla Roadster in Space! [Online]. Verfügbar unter: https://www.whereisroadster.com/index.html (Zugriff am: 14. April 2021).

[7] Web Scraping mit Python, 1&1 IONOS SE. [Online]. Verfügbar unter: https://www.ionos.de/digitalguide/websites/web-entwicklung/web-scraping-mit-python/. (Zugriff am: 5. Mai 2021).

[8] G. Frieger, Where is Tesla Roadster in Space? [Online]. Verfügbar unter: https://where-is-tesla-roadster.space/live#ss-anchor (Zugriff am: 14. April 2021).

[9] MongoDB, The most popular database for modern apps. [Online]. Verfügbar unter: https://www.mongodb.com/ (Zugriff am: 21. Mai 2021).

[10] Apache Software Foundation, Apache Spark™ - Unified Analytics Engine for Big Data. [Online]. Verfügbar unter: https://spark.apache.org/ (Zugriff am: 21. Mai 2021)